Wolfgang Amadeus Mozart, Gottlieb Stephanie

Der Schauspieldirektor - komische Oper in 1 Akt

Wolfgang Amadeus Mozart, Gottlieb Stephanie

Der Schauspieldirektor - komische Oper in 1 Akt

ISBN/EAN: 9783743644328

Hergestellt in Europa, USA, Kanada, Australien, Japan

Cover: Foto ©Thomas Meinert / pixelio.de

Weitere Bücher finden Sie auf **www.hansebooks.com**

Der Schauspieldirektor.

Komische Oper

in 1. Akt

von

W. A. MOZART.

Klavierauszug.

LEIPZIG
C. F. PETERS.

INHALT.

Der Schauspieldirector.

Ouverture.

Allegro assai.

W. A. Mozart.

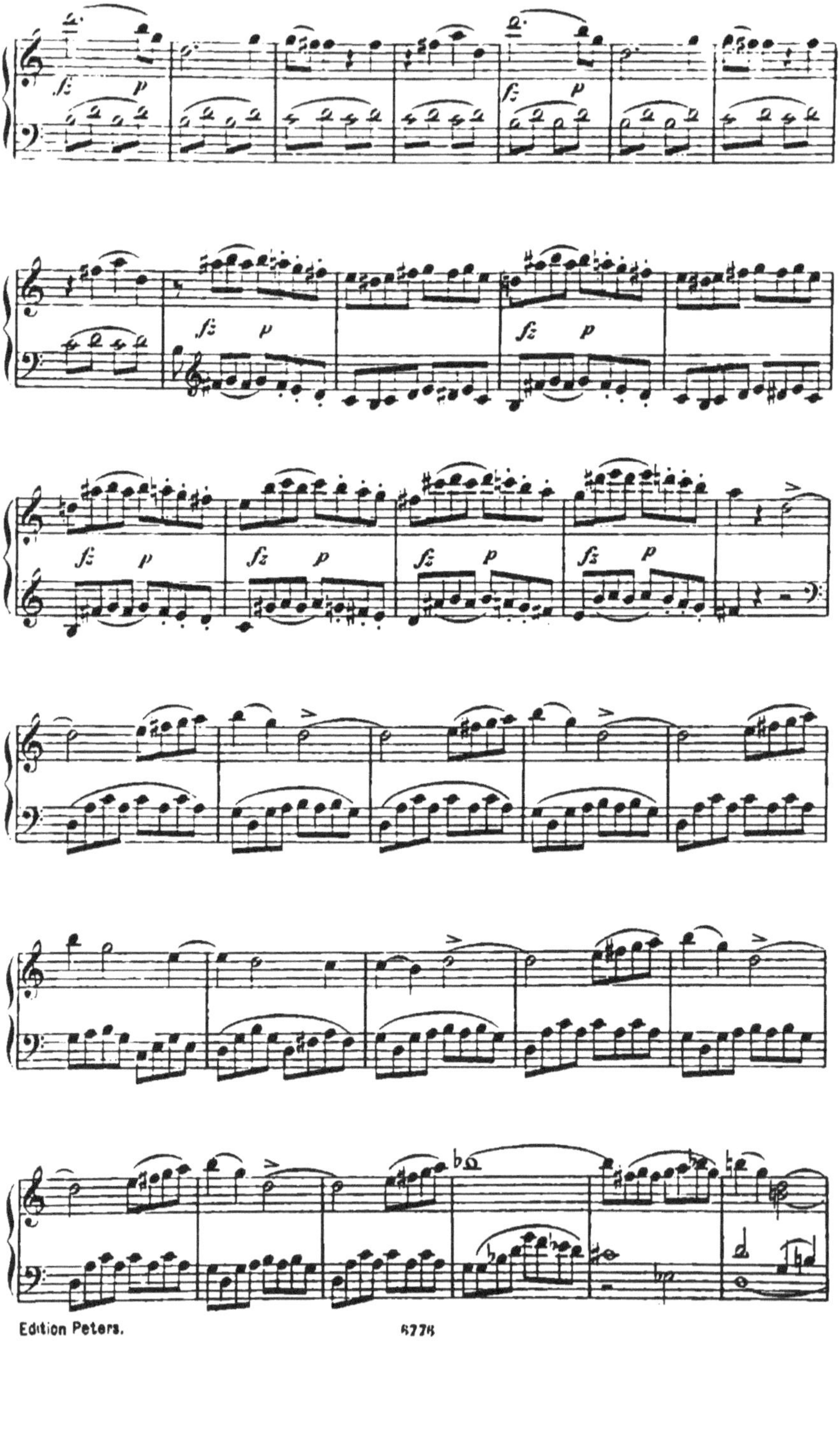
fz
p
fz
p
fz
p
fz
p
fz
p
fz
p
fz
p
fz
p

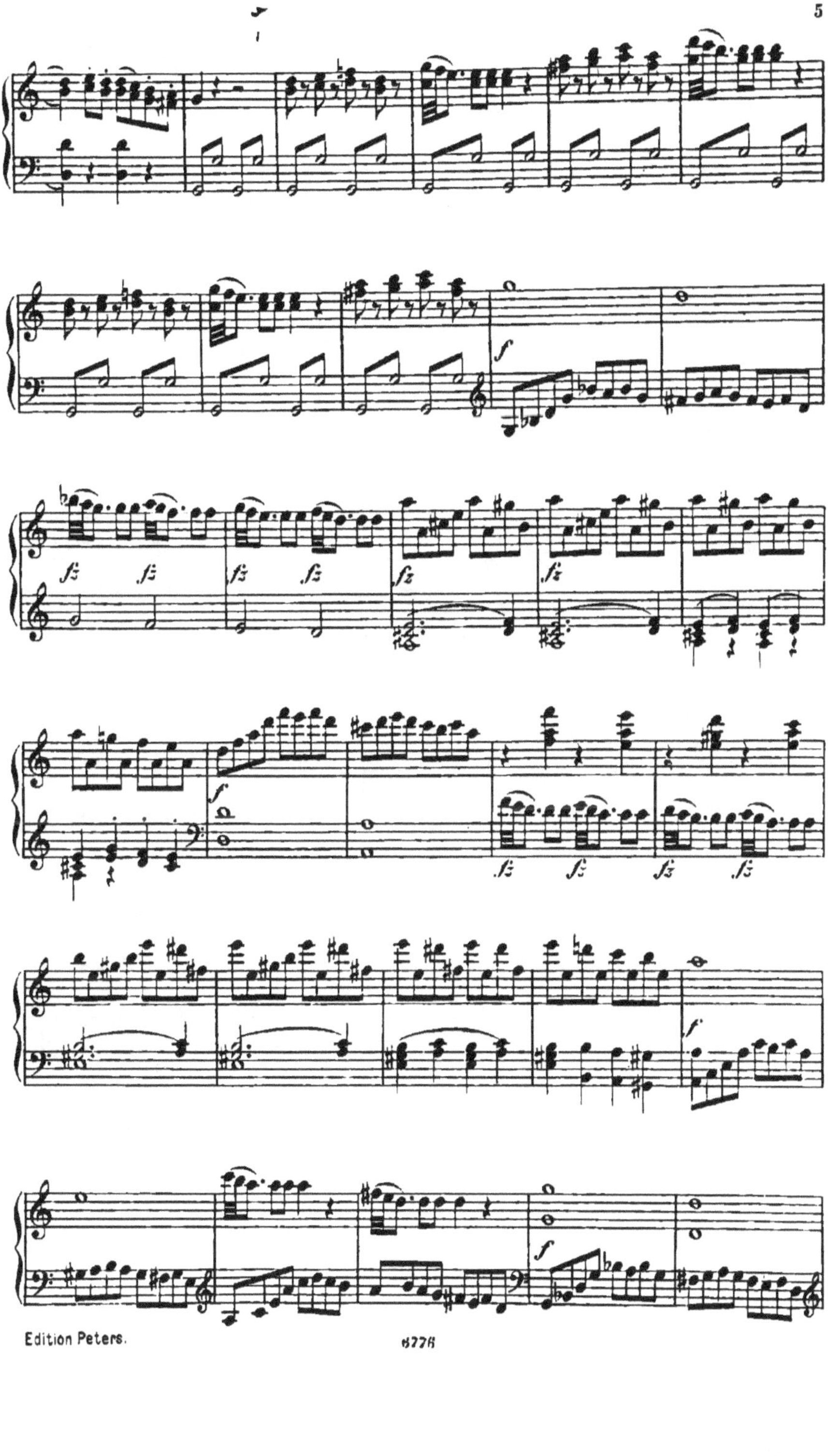
f
fz
fz
fz
fz
fz
fz
f
fz
fz
fz
fz
f
f

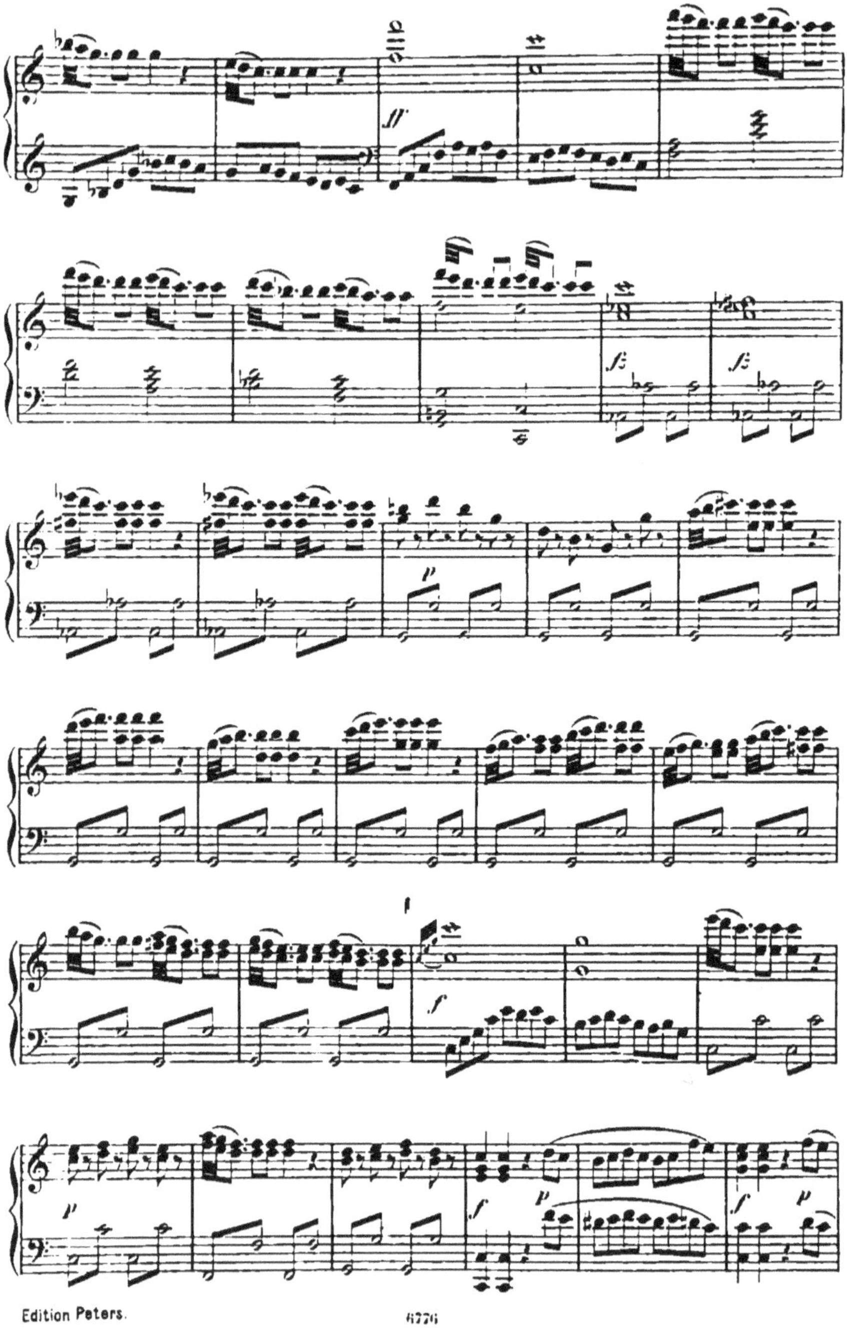

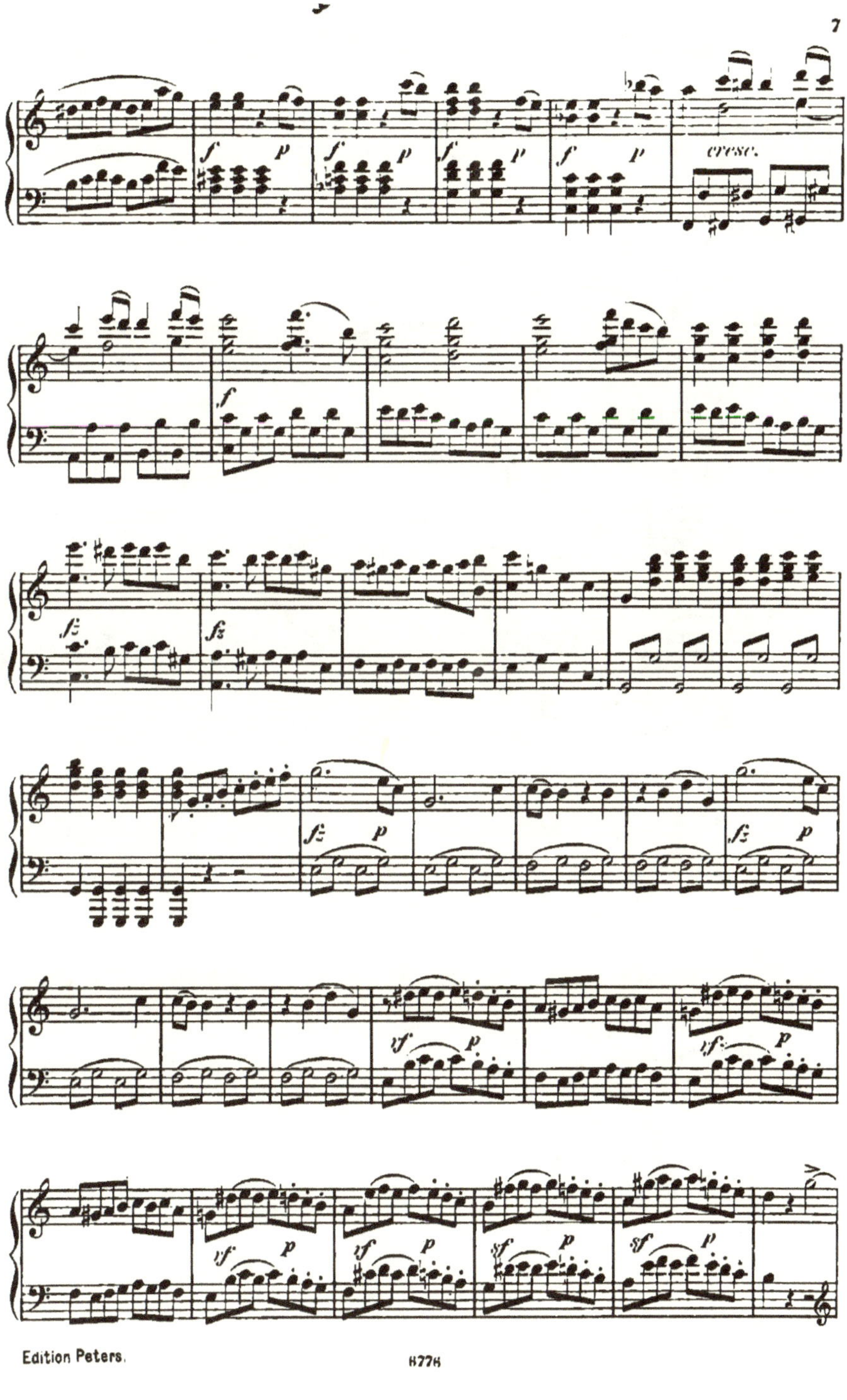
cresc.

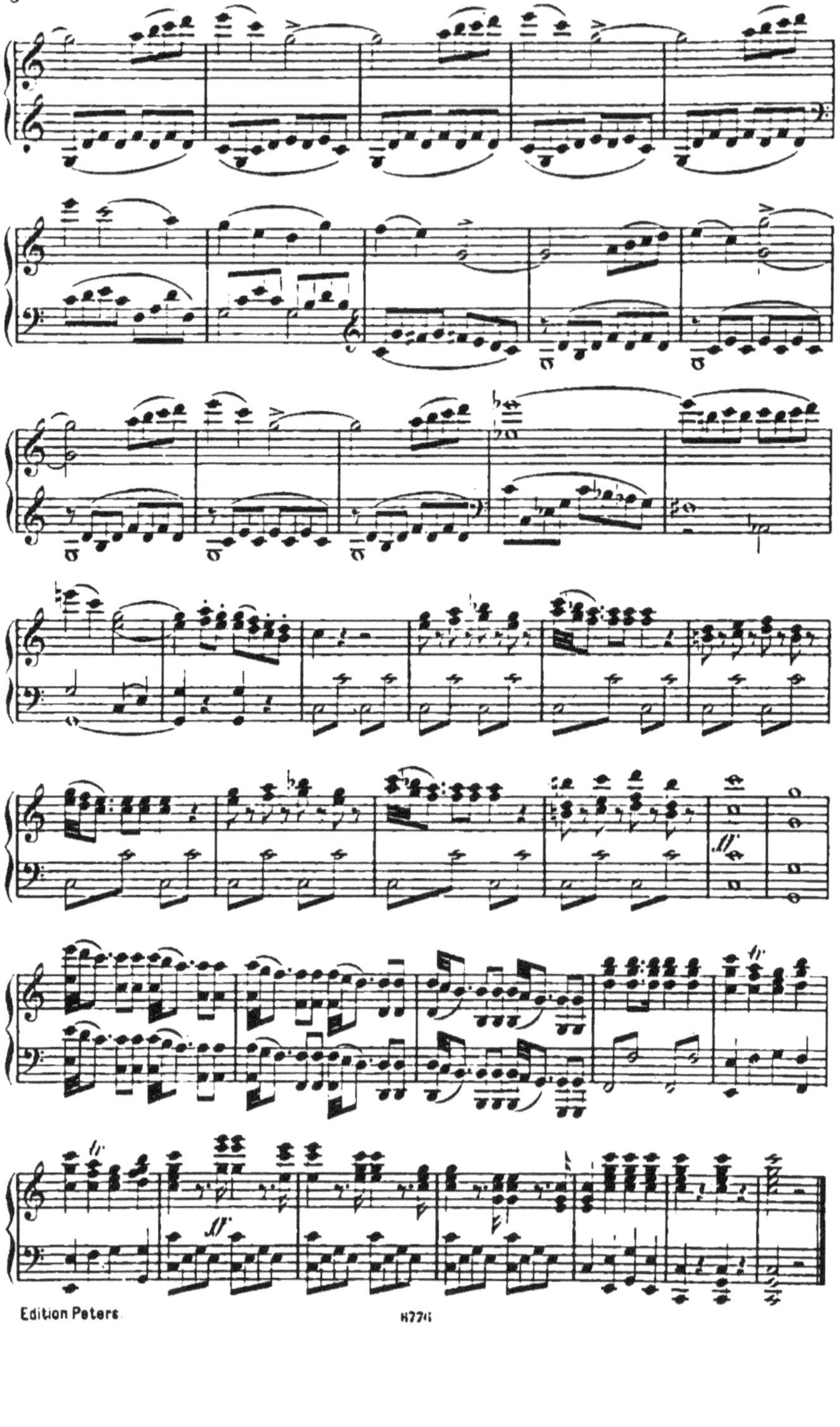
ff
ff
ff
tr
tr

Ariette.

Madame Herz (Sopran).

Da schlägt die Abschieds-stun-de, um grau-sam uns zu trennen, um grausam, um grau-sam uns zu trennen; wie werd' ich le-ben kön-nen, o Da-mon, oh-ne dich, oh-ne dich? ich will dich be-glei-ten, im Geist dir zur

9

Larghetto.

1.

cresc.

Edition Peters.

8776

Sei - ten schwe - ben um dich, — schwe - ben um

dich. Und du, und du, vielleicht auf ewig vergisst dafür du

mich, und du, viel - leicht vergisst du mich? Doch nein! wie fällt mir so was ein?

Du kannst ge - wiss nicht treulos sein, ach nein, — ach nein,

du kannst ge - wiss nicht treu-los sein, nicht treu - los sein, nicht treu - los

Allegro moderato.

sein.

Ein Herz, das so der Abschied kränket, dem ist kein

cresc.

Wan-kel-muth be-kannt, kein Wan - - kelmuth be-kannt!

Wo-hin es

auch das Schick-sal lenket, nichts trennt das fest ge-knüpfte

Band, nichts trennt _____ das fest geknüpf - te

Band,

nichts trennt das fest ____ geknüpf - te Band, ____ das fest ge - knüpf - - te

Band, ____

nichts trennt das fest ____ ge-knüpf - te Band, ____ das fest ge -

knüpf - - te Band; wo - hin es auch das Schicksal lenket, nichts

trennt das fest geknüpfte Band, das fest ____ ge - knüpf - te Band.

Rondo.

Andante.

2.

Mademoiselle Silberklang (Sopran).

Bester Jüngling, mit Ent-

zü-cken nehm' ich dei-ne Lie-be an, da in dei-nen hol-den

Bli-cken ich mein Glück ent-de-cken kann, ich mein Glück ent-de-cken

kann. Aber ach, wenn düstres Leiden uns-rer Lie-be fol-gen

soll, uns-rer Lie - be fol - gen soll, loh-nen dies der Lie - be
Freuden, der Lie - be Freu-den? Jüng - ling, Jüng - ling,
das be-den - ke wohl! loh-nen dies der Lie - be
Freuden? Jüng - ling, das be-den - ke wohl, das be-den - ke
wohl! Be-ster Jüng-ling, mit Ent - zü - cken nehm' ich dei - ne Lie - be

an, da in dei - nen holden Bli - cken ich mein Glück ent-de - cken kann, ich mein

Glück ent-de - cken kann.

Allegretto.

Nichts ist mir so werth und

theu - er, als dein Herz und dei - ne

Hand, als dein Herz und dei - ne Hand.

Voll vom rein-sten Lie-bes-feu - er geb' ich dir mein Herz zur;

Pfand, geb' ich dir mein Herz zum Pfand,

cresc.

f p

geb' ich dir mein Herz zum

cresc.

f p

Pfand; geb' ich dir mein Herz zum Pfand, mein Herz zum

cresc.

Pfand.

f

Terzett.

Allegro assai.
Mademoiselle Silberklang.
Ich bin die er-ste Sän-ge-rin,
3.
p
Madame Herz.
(spöttisch)
Das glaub' ich ja, das glaub' ich ja,
ich bin die er-ste Sän-ge-rin!
nach Ihrem Sinn.
Ich will es
Das sol - len Sie mir nicht be-strei-ten!
fp
p
Ih-nen nicht be-strei-ten.
Das glaub' ich
Ich bin die erste Sän-ge-rin,
Monsieur Vogelsang (Tenor).
Ei, las-sen Sie sich doch be - deu - ten, las-sen

Ja, nach Ih - rem Sinn.

ich bin die er - ste Sän - ge - rin! Das sol - len

Sie sich doch be - deu - ten! Ei, ei, so las-sen

Ich will es Ih-nen nicht be - strei - ten, ich will es Ih-nen nicht be -

Sie mir nicht be - strei - ten, das sol - len Sie mir nicht be -

Sie sich doch be - deu - ten, ei, ei, so las-sen

strei - ten, ich will es Ih - nen nicht be - strei-ten, nicht be - strei - ten!

strei - ten, das sollen Sie mir nicht be - strei-ten, nicht be - strei-ten!

Sie sich doch be - deu - ten, las - sen Sie sich doch be - deu - ten!

cresc.

Madem. Silberklang.

Ich bin von Kei - ner zu er - rei - chen, das wird mir Je - der zu - ge -

p   *cresc.*   *p*   *cresc.*

Mad. Herz.

Ge - wiss, ich ha - be Ih - res Glei - chen noch nie ge - hört und nie ge -

stehn.

p

sehn.

Mons. Vogelsang.

Was wol - len Sie sich erst ent - rü - sten, mit ei - nem lee - ren Vor - zug

tr   *tr*   *tr*

f   *p*   *f*   *p*   *cresc.*

brüsten? Ein Je - des hat be - son - dern

f   *p*   *cresc.*

Mad. Herz.

Ge-wiss, ich ha-be Ih-res Glei-chen noch nie ge-

Madem. Silberklang.

Ich bin von Kei-ner zu er - rei - chen, nein! das wird mir Je-der zu-ge-

Mons. Vogelsang.

Werth. Was wol-len Sie _____ sich erst ent - rü - sten, mit ei-nem

hört und nie ge - sehn, ge-wiss, ich ha - - - be Ih-res Glei - chen

stehn, zu - - ge-stehn, ich bin von Kei - - ner zu er-

lee - - ren Vor-zug brü - sten? was wol-len Sie ____ sich erst ent -

noch nie ge-hört _____ und nie ge-sehn, ge-wiss, ich ha - -

rei - chen, das wird mir Je - - - der zu-ge-stehn, ich bin von

rü - sten, mit ei-nem lee - - ren Vor-zug brü - sten? Ein Je-des

- be Ih - res Glei - chen noch nie ge - hört und nie ge -
Kei - ner zu er - rei - chen, zu er - rei-chen,das wird mir Je - der zu-ge -
hat be-son - dern Werth, be - son - dern Werth, be - son - dern
sehn, gewiss, ich ha - - be Ih - res Glei-chen noch nie ge - hört und
stehn, ich bin von Kei - ner zu er - rei - chen, zu er - rei-chen,das wird mir
Werth, ein Je-des hat be-son - dern Werth, be - son-dern Werth, be -
nie ge - sehn, noch nie ge - hört und nie ge - sehn.
Je - der zu-ge - stehn, das wird mir Je - der zu - ge - stehn.
son - dern Werth, ein Je - des hat be-son - dern Werth.

Mad. Herz.

Ich bin die er - ste Sänge-rin,

ich bin die

Madem. Silberklang.

Ich bin die er - ste Sange-rin,

er - ste! ich! ich! ich

ich bin die er - ste! ich! ich bin die

cresc.

bin die er - ste Sän - - ge-rin.

er - ste, die er - ste Sän - - ge-rin.

Mons. Vogelsang.

Ei, ei, was wollen Sie sich erst ent - rü-sten, mit ei - nem lee-ren Vor-zug

cresc.

6776

Mich lobt ein Je-der, der mich hört, mich lobt ein

Mich lobt ein Je-der, der mich hört, mich lobt ein Je-der, der mich

brüsten?

Je-der, ein Je-der, ein Je-der! mich!

hört, ein Je-der, ein Je-der! mich! mich!

Ei,

mich!

Mons. Vogelsang.

ei, ein Je-des hat be-son-dern Werth, ein Je-des hat be-son-dern Werth.

Adagio.
Mad. Herz.

A - da - gio, a - - da - gio, a - da - gio, a - da - gio, a -

da - - - - - - - - - gio, a - da - gio!

Allegro assai.
Madem. Silberklang.

Al - le - gro, al - le - gris-si-mo, al - le - - - -

- gro, al - le - gris - si-mo, al - le-gro, al-le-gris-si-mo! Mons. Vogelsang.

Pian pia - no, pia -

cresc.

Andante.

nis - si - mo, pia - ni - sis - si - mo! Kein Künst-ler muss den an-dern

Mad. Herz.

Wohl -

ta - deln, es setzt die Kunst zu sehr her - ab.

an! Nichts kann die Kunst mehr a - - deln, ich stell von mei-ner Ford'rung

Madem. Silberklang.

Ganz recht! Nichts kann die Kunst mehr a - - deln, ich

ab, ich stell, ich stell von mei-ner Ford'rung ab.

ste - he e - ben-falls nun ab, von mei-ner Ford'rung ab.

Mons. Vogelsang.

Kein Künst-ler muss den an-dern

Wohl_an! Nichts kann _____

Ganz recht! Nichts kann _____

ta - - - - - -

_____ die Kunst mehr a - deln.   nichts kann die Kunst mehr   a - - - -

_____ die Kunst mehr a - deln,

- deln, den an - dern   ta - deln,

staccato

- deln, ich steh von

nichts kann die Kunst mehr   a - - - - - deln, ich steh von

kein

cresc.

mei — — ner Ford'-rung ab. ich steh' von mei — — ner Ford'-rung

e — — ben-falls nun ab, ich ste -he e — — ben-falls nun

Künst-ler muss den an-dern ta-deln, nein! es setzt die Kunst zu sehr her -

(leise zu Madem. Silberklang)

ab. Ich bin die er - ste!

ab.

ab, kein Künstler muss je ta - deln, es setzt die Kunst zu sehr her -

(laut)   (leise)   (laut)

Wohl - an! Nichts kann die Kunst mehr a - deln, mich lobt ein Je - der, ich

(leise zu Mad. Herz)   (laut)

Ich bin die er - ste!   Ganz recht! Nichts kann die Kunst mehr

ab, ——— kein Künstler muss den an-dern ta - deln, es

leise
steh von mei - - ner Ford'-rung ab, ich bin von Kei-ner, bin von Kei-ner zu er-
(leise) (laut)
a - - deln, mich lobt ein Je - der, ich ste - he e - ben - falls nun
setzt die Kunst zu sehr her - ab, es setzt. es
rei-chen.
(leise)
ab, ich bin von Kei-ner, bin von Kei-ner zu er - - rei-chen. Ich bin die er-ste
(laut)
setzt die Kunst zu sehr her - - ab.
Tempo I.
Tempo I.
(laut)
Ich bin die er-ste Sän-ge-rin! ich bin die er-ste!
Sän-ge-rin! ich bin die er-ste! ich!
fp fp fp fp fp cresc.

ich! ich bin die er - ste! ich bin die
ich! ich bin die er - ste! ich
f p
f p
er - ste! ich bin die er-ste, bin die er-ste, bin die er - ste Sängerin! A -
bin die er - ste! ich bin die er-ste, bin die er-ste, bin die er - ste Sängerin!
Mons. Vogelsang.
Ei, ei, pia - - no.
f p
da - - - gio, a - - - da - - -
Al - le-gro, alle-gris - si-mo, al - le - gro,
pia - no, pian pia - no, pia - - no, pia - - -
f p

- - gio,a - - - da - gio.
Ich bin die er-ste

al - le-gris - si - mo.
Ich bin die er-ste Sän-ge-rin!

no.
pia - nis - si - mo.
pia - no,

Sän-ge-rin!
ich bin
die er-ste!

ich bin
die er-ste!

pia - no,
ca - lan - do,
man - can - do,
di-mi-nu - en - do,
de-cre-

ich!

ich!

scen - do,
pian pia - no,
pia - nis-si-mo, pia-nis - si-mo, pia-nis-si-mo.

pp

Schlussgesang.

Allegro.

4.

p *cresc.* *f*

Madem. Silberklang.

Je-der Künst-ler strebt nach Eh-re, wünscht der ein - zi - ge zu sein,

je-der strebt, je-der wünscht der ein - zi - ge zu sein; und wenn die-ser Trieb nicht

wä-re, blie-be je-de Kunst nur klein, und wenn die-ser Trieb nicht wä-re, blie-be

je - de Kunst, blie-be je - - - - de Kunst nur

Mad. Herz.

Künst-ler müs-sen frei-lich stre-ben, stets des Vor-zugs werth zu sein: doch sich

Madem. Silberklang.

klein. Künst-ler müs-sen frei-lich stre-ben, stets des Vor-zugs werth zu sein; doch sich

Mons. Vogelsang.

Künst-ler müs-sen frei-lich stre-ben, stets des Vor-zugs werth zu sein; doch sich

selbst den Vor-zug ge-ben, ü - ber An-dre sich er - he-ben, macht den grössten Künstler

selbst den Vor-zug ge-ben, ü - ber An-dre sich er - he-ben, macht den grössten Künstler

selbst den Vor-zug ge-ben, ü - ber An-dre sich er - he-ben, macht den grössten Künstler

klein, macht den gröss - ten Künst-ler klein.

klein, macht den gröss - ten Kunst-ler klein.

klein, macht den gröss - ten Künst-ler klein.

El - nig-

Mons. Vogelsang.

keit rühm' ich vor al-len an-dern Tu - gen-den uns an, denn das Gan-ze muss ge -

fal - len und nicht bloss ein einzl-ner Mann; Ei - nig - keit rühm' ich vor al-len an-dern

Tu-gen-den uns an, denn das Gan-ze muss ge - fal-len und nicht bloss ein

einz'l - - ner Mann, und nicht bloss ein einz'l - - ner Mann.

Mad. Herz.

Künst-ler müs-sen frei-lich stre-ben, stets des Vor-zugs werth zu sein; doch sich

Madem. Silberklang.

Künst-ler müs-sen frei-lich stre-ben, stets des Vor-zugs werth zu sein; doch sich

Mons. Vogelsang.

Künst-ler müs-sen frei-lich stre-ben, stets des Vor-zugs werth zu sein; doch sich selbst den Vor-zug ge-ben, ü - ber An-dre sich er - he-ben, macht den

selbst den Vor-zug ge-ben. ü - ber An-dre sich er - he-ben, macht den

selbst den Vor-zug ge-ben, ü - ber An-dre sich er - he-ben, macht den

gröss-ten Künst-ler klein, macht den gröss - ten Künst - ler klein.

gröss-ten Künst-ler klein, macht den gröss - ten Künst - ler klein.

gröss-ten Künst-ler klein, macht den gröss - ten Künst - ler klein.

Mad. Herz.

Je - - des lei - ste wns ihm ei - gen,

hal - - te Kunst Na - tur gleich werth, hal - te Kunst Na -

H77i

selbst den Vor-zug ge-ben, ü - ber An-dre sich er - he-ben, macht den

selbst den Vor-zug ge-ben, ü - ber An-dre sich er - he-ben, macht den

selbst den Vor-zug ge-ben, ü - ber An-dre sich er - he-ben, macht den

gröss-ten Künst-ler klein, macht den gröss - ten Künst-ler klein.

gröss-ten Künst-ler klein, macht den gröss - ten Künst-ler klein. **Buff.** (Bass.)

gröss-ten Künst-ler klein, macht den gröss - ten Künst-ler klein. Ich bin

Buff.

hier un-ter die-sen Sän-gern der er-ste Buf-fo, das ist klar, der er-ste

Buf-fo, das ist klar: Ich hei-sse Buff, ich hei-sse

Buff; nur um ein O brauch' ich den Na-men zu ver-
län-gern, so heiss' ich oh - ne Streit: Buf - - - fo! Er - go
bin ich der er - ste Buf-fo. Und dass wie ich Keins sin-gen
kann, sieht man den Her-ren doch wohl an, sieht man den Her-ren doch wohl an.
Mad. Herz.
Künst-ler müs-sen frei-lich stre-ben, stets des Vor-zugs werth zu sein; doch sich
Madem. Silberklang.
Künst-ler müs-sen frei-lich stre-ben, stets des Vor-zugs werth zu sein; doch sich
Mons. Vogelsang.
Künst-ler müs-sen frei-lich stre-ben, stets des Vor-zugs werth zu sein; doch sich
cresc.
p
f

34

selbst den Vor-zug ge-ben, ü - ber An-dre sich er - he-ben, macht den grössten Künst-ler

selbst den Vor-zug ge-ben, ü - ber An-dre sich er - he-ben, macht den grössten Künst-ler

selbst den Vor-zug ge-ben, ü - ber An-dre sich er - he-ben, macht den grössten Künst-ler

klein, macht den gröss-ten Künst-ler klein, macht den gröss-ten Künst-ler klein, macht den

klein, macht den gröss-ten Künst-ler klein, macht den gröss-ten Künst-ler klein, macht den

klein, macht den gröss-ten Künst-ler klein, macht den gröss-ten Künst-ler klein, macht den

gröss-ten Künstler klein, macht ihn klein, macht ihn klein.

gröss-ten Künstler klein, macht ihn klein, macht ihn klein.

gröss - ten Künstler klein, macht ihn klein, macht ihn klein.

Fine.

Das Bändchen.

Andante sostenuto.

5.

f *p*

Erste Stimme.

Zweite Stimme.

Lie-bes Man-del, wo ist's Bandel? Drin im

Leuch-te mir, leuch-te mir!

Zimmer glänzt's mit Schimmer. Ja, ja, ja, ja, ich bin schon

Dritte Stimme.

hier___ und bin schon da. Ei! was Teu-fel, thun dö

Zweite Stimme.

su - chen, ein Stück Bro-del? od'r ein Ku-chen? Hast es

Nein, geh weg!

Dritte Stimme

schon? Nu nu nu nu nu nu nu nu! Das ist zu

Nu nu nu nu nu nu nu nu!

keck! das ist zu keck! Lie-be Leu-te; darf ich's

Erste und zweite Stimme.

Marsch! weg!

wa-gen, was ihr sucht, euch zu be - fra-gen? Ei pfui! ei pfui! Ich bin so n gut-her-zig's

Itzt geh'! itzt geh'!

Dingerl, könnt's mi umwinden um a Fingerl! A nöt, a nöt! Schaut's, ich wett, ich kann euch

Unser Landsmann, unser Landsmann, unser Landsmann, unser

die-na, denn ich bin a ge-bor-ner Wie - na, ha ha ha ha ha

cresc.

Landsmann? ja, dem muss ma nichts ver - heh-len, son-dern al - les klar er -

ha! Ja, das glaub ich!

zäh - len, ja, dem muss ma nichts ver - heh - len, son - dern al - les klar er -

Nu! lasst ein - mal hö - - ren! lasst

zäh - len, ja dem muss ma nichts ver-heh-len, son-dern al - les klar er-

hö - - ren! nu, so lasst hö - - ren! ei ver-

cresc.

zäh - - len. Nur Ge - duld! Nur Ge-

flucht! lasst ein-mal hö - ren, od'r ihr könnt's euch al - le zwei zum Teu - fel

f

duld, stren-ger Her - re! wir su-chen's schö-ne Ban-del!

sche - ren! S'Ban-del?

p

Lie-ber Jung, aus Dank-bar-

hm! nu, da hab ich's ja in mein Han-del. Halt's die Zung'!

f *p*

keit werd' ich dich lie - - ben al - le - zeit. Lie - ber
i hab nicht Zeit, es ist schon spat, i muss noch weit!
Jung', aus Dankbar - keit werd' ich dich lie - - - ben al - le -
Halt's die Zung'! i hab nicht Zeit, es ist schon spat, i muss noch
zeit. Wel - che Won - ne, ed - le Son - ne, wel - che Won - ne, ed - le
weit! Wel - che Won - ne, ed - le Son - ne, wel - che Won - ne, ed - le
Son - ne, z'leb'n in wah - rer a - - mi - - ci - ti - a! und das
Son - ne, z'leb'n in wah - rer a - mi - ci - ti - a!

schö-ne Ban - del ha-mer a, und das schö - ne— Ban-del ha-mer a.

und das schö-ne Ban-del ha-mer a, und das schö - ne Ban-del ha-mer a,

ha-mer a, und das schö - ne— Ban-del ha-mer a,

ha-mer a, und das schö - - ne Ban-del ha-mer a.—

ha-mer a, und das schö - ne— Ban-del ha-mer a, z'leb'n in wah-rer— a-mi-

ha-mer a, und das schö - ne Ban-del ha-mer a, z'leb'n in wah - rer a-mi-

ci-ti-a! und das schö - ne— Ban-del ha-mer a, das schö-ne, schö-ne, schö-ne

ci-ti-a! und das schö - ne Ban-del ha-mer a,

Ban-del, Ban-del, Ban-del, Ban - - del ha - - mer
und das schö-ne Ban-del, Ban-del, Ban-del ha-mer
a, das schöne, schöne, schöne Bandel, Bandel, Bandel, Bandel, Bandel, Bandel, Bandel, Bandel
a,
und das schö-ne
ha - - - - mer a, ha-mer
Ban-del, Ban-del, Ban-del, Ban-del, Ban-del, Ban-del, Ban-del ha-mer a, ha-mer
a, ha-mer a, ja! wir habn's, wir habn's, ja!
a, ha-mer a, ja! wir habn's, wir habn's, ja!

www.ingramcontent.com/pod-product-compliance
Lightning Source LLC
Chambersburg PA
CBHW021548270326
41930CB00008B/1405